TODAS LAS MANERAS DE VER

ROCAS Y MINERALES

JANE WALKER

EDELVIVES

INTRODUCCIÓN

Las rocas y los minerales son componentes de la superficie terrestre. En este libro aprenderás cómo se formaron los distintos tipos de rocas y descubrirás algunos de los muchos minerales que existen. Podrás ver minas y canteras y conocerás algunas de las piedras más famosas. Podrás divertirte con los **casos prácticos** y con el concurso de rocas. Además descubrirás un montón de hechos asombrosos sobre las rocas y los minerales.

Edición española:

Zaragoza, 1996
Traducción: Susana Vázquez

Depósito legal: Z. 1329-96
ISBN: 84-263-3454-7

Talleres gráficos: Edelvives
Tel. (976) 344100
Fax (976) 345971

Impreso en España
Printed in Spain

Contenidos

LA TIERRA ROCOSA 4
Haz una colección de rocas
TIPOS DE ROCAS 6
Fósiles
¿QUÉ SON LOS MINERALES? 8
Agua salada
¿QUÉ SON LOS CRISTALES? 10
Cultiva tu propio cristal
COMBUSTIBLES DE LA TIERRA 12
¿Qué se obtiene del petróleo?
MINERALES Y METALES 14
Dinero
PIEDRAS PRECIOSAS Y JOYAS 16
Tesoros famosos
MINAS Y CANTERAS 18
Animales mineros
USO DE ROCAS Y MINERALES 20
El hombre prehistórico
ROCAS FAMOSAS 22
La historia de Prometeo
CAMBIO DE FORMA 24
Tipos de suelo
LISTA DE ROCAS 26
CONCURSO DE ROCAS.................... 28
MÁS HECHOS ASOMBROSOS..... 30
GLOSARIO 31
ÍNDICE 32

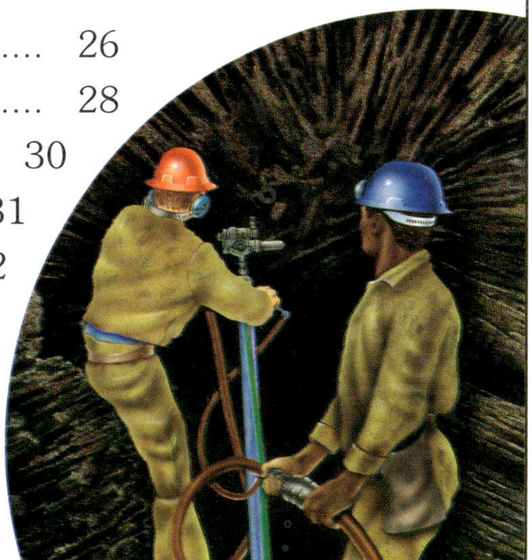

La Tierra rocosa

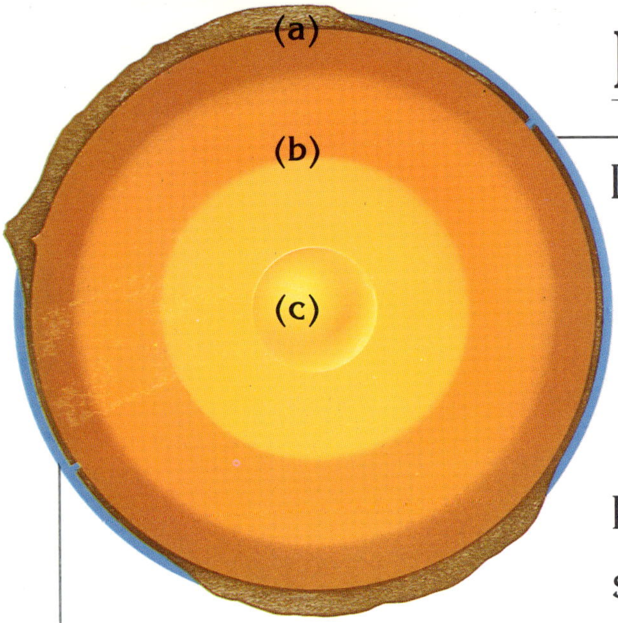

La Tierra está cubierta de una capa exterior rocosa, la corteza. Desde la superficie, la corteza terrestre llega a medir 40 kilómetros de profundidad, pero debajo de los océanos y mares sólo tiene 8 kilómetros de espesor. La corteza está constituida por muchos tipos de rocas. Todas se componen de los mismos elementos, los minerales, pero su formación es distinta.

Dentro de la Tierra

Bajo la corteza terrestre (a) está el manto (b). Debajo se encuentra el centro de la Tierra o núcleo (c). La parte externa del núcleo está tan caliente que las rocas y los metales que hay dentro están fundidos. Estas rocas líquidas son el magma.

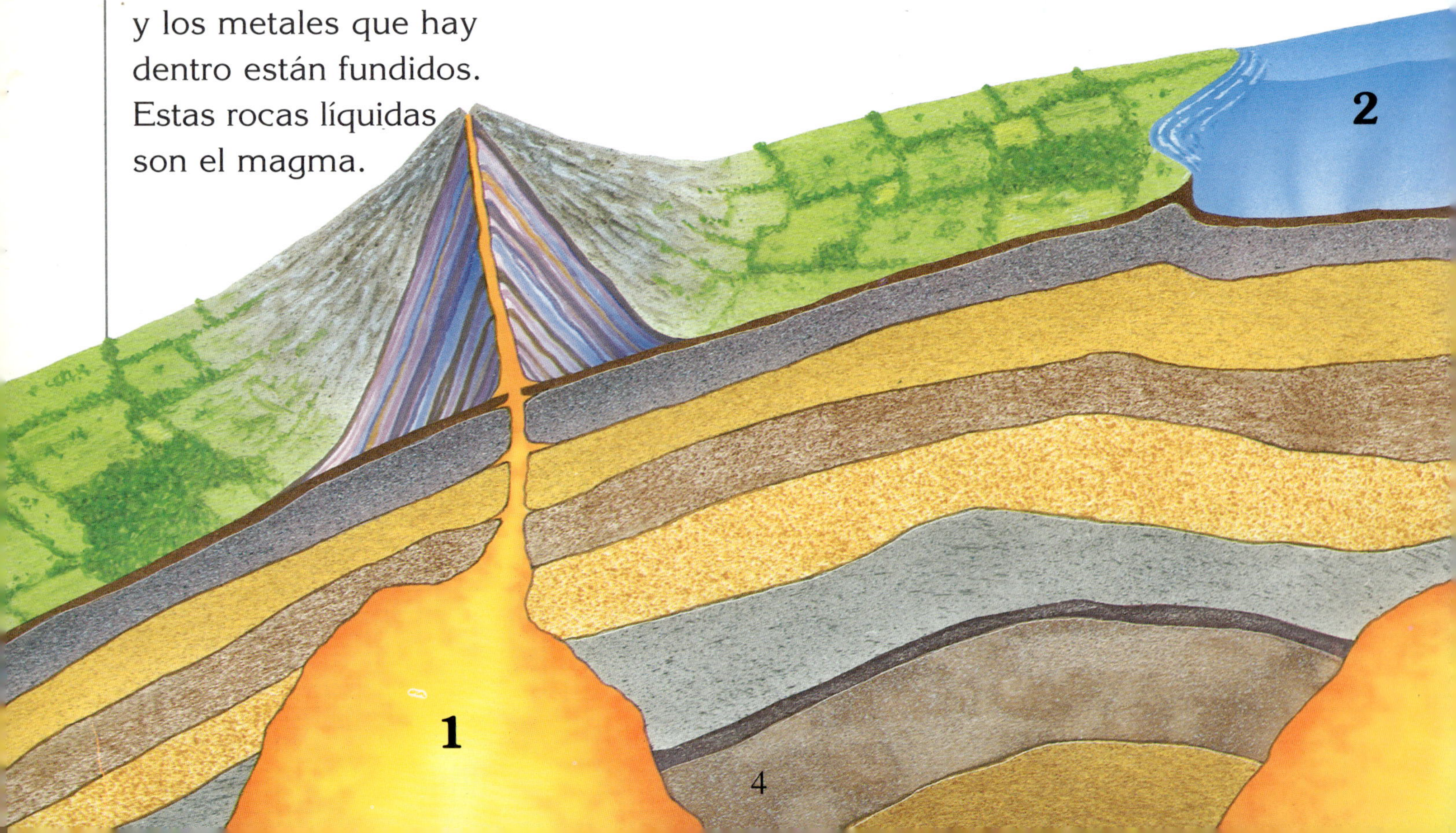

La distancia media de la superficie terrestre al centro de la Tierra es de 6.370 km.

¿Cómo se forman las rocas?

En la corteza terrestre hay tres tipos de rocas. Las rocas ígneas **(1)** se forman cuando las rocas fundidas del interior de la Tierra salen al exterior a través de alguna fisura de la corteza y se solidifican. Las rocas sedimentarias **(2)** se forman con restos de otras rocas más antiguas. Las rocas metamórficas **(3)** están formadas por rocas ígneas y sedimentarias. A mucha profundidad el peso de la corteza exterior y el inmenso calor las transforman en rocas metamórficas. La palabra «metamórfica» significa transformada.

Haz una colección de rocas

Puedes encontrar rocas en el jardín de casa, en la orilla de los ríos, en los arroyos o en la playa. Pronto aprenderás los nombres de las más comunes. Lávalas y pégales una etiqueta con la fecha y el lugar donde las encontraste; si lo sabes, apunta también su nombre. Coloca tu colección en una estantería, en una bandeja o en una caja.

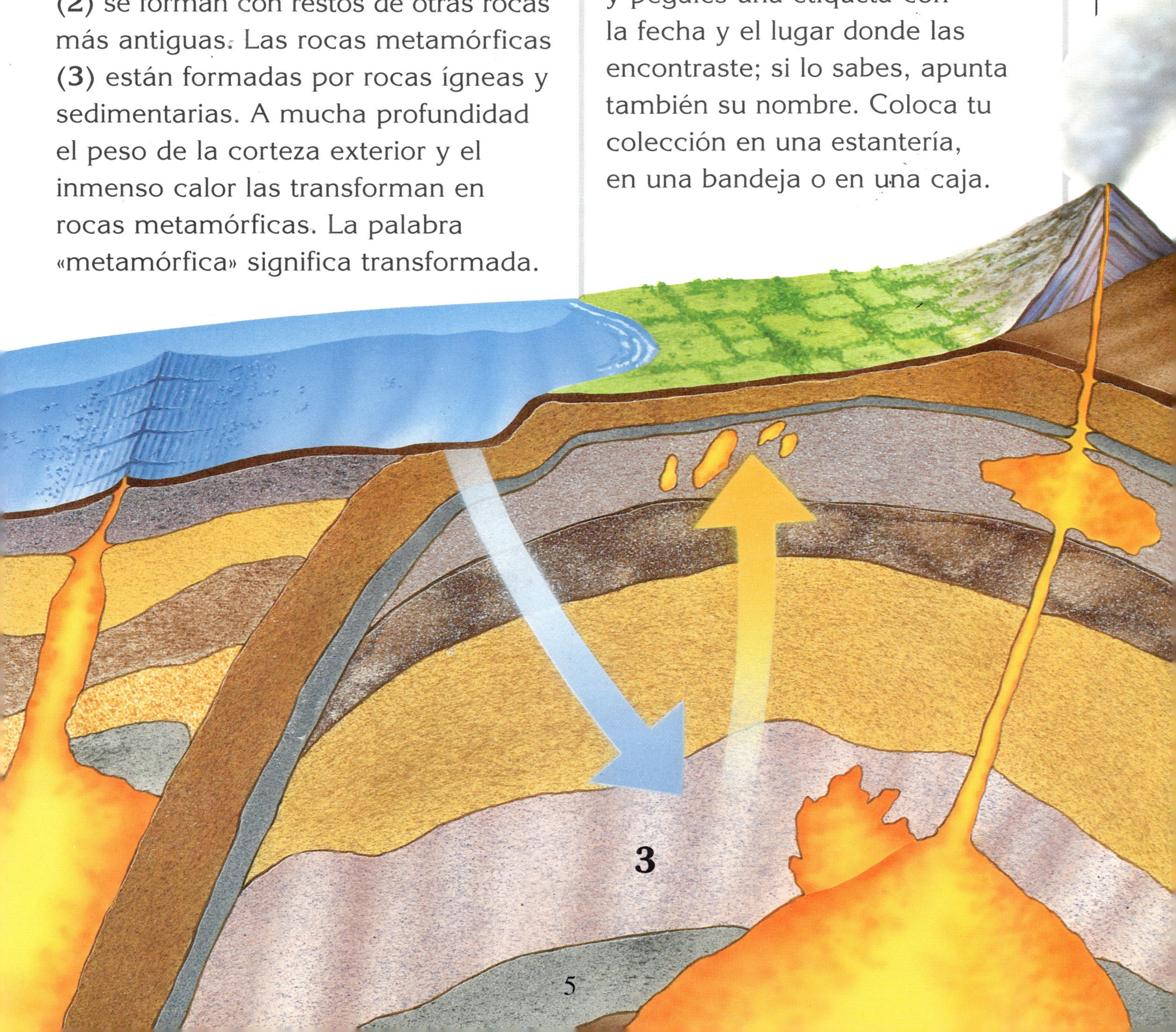

Tipos de rocas

Los geólogos estudian las rocas para conocer la historia de la Tierra. En algunas montañas, por ejemplo, se han encontrado restos de animales marinos que vivieron en el fondo del océano. Hace millones de años, las rocas acumuladas en el fondo del mar fueron empujadas desde el interior de la Tierra, formando montañas de rocas sedimentarias.

Rocas ígneas

Se forman al solidificarse el magma del interior de la Tierra. El basalto es una roca ígnea presente en casi toda la corteza terrestre bajo el océano. El magma sale también en la lava de las erupciones volcánicas. Al enfriarse se forman el basalto y la toba volcánica.

BASALTO

GRANITO

Rocas sedimentarias

Los trocitos de roca que hay en la tierra que arrastra el agua o el viento llegan hasta el mar a través de los ríos. Durante millones de años se han ido formando capas de rocas sedimentarias, como la piedra caliza. Algunas cuevas subterráneas (derecha) se forman cuando el agua fluye entre las grietas de piedra caliza, disolviendo la roca.

Los trozos de lava que lanzan los volcanes forman bolas, denominadas bombas volcánicas.

Fósiles

Son restos minerales de plantas y animales que vivieron hace millones de años. Los fósiles más antiguos de animales tienen más de 700 millones de años. El siglo pasado se descubrieron en Alemania los fósiles más antiguos de aves.

Algunas PIEDRAS CALIZAS están compuestas únicamente de fósiles. En ellas se pueden ver claramente las conchas de animales.

PIEDRA CALIZA

CONGLOMERADO

Rocas metamórficas

El peso de la corteza terrestre y el calor de las rocas del interior de la Tierra forman las rocas metamórficas. Algunos ejemplos de este tipo de rocas son el mármol, que está constituido por piedra caliza; el gneis, compuesto de una roca ígnea, el granito; y la pizarra, formada de arcilla esquistosa.

MONTAÑAS DE ROCA METAMÓRFICA

GNEIS

PIZARRA

¿QUÉ SON LOS MINERALES?

Procedentes del espacio

Se han encontrado minerales incluso en el espacio. En las muestras tomadas en la superficie de la Luna había minerales comunes, como feldespato y hierro. La mayor parte de la superficie de Marte está cubierta de limonita. Este mineral aparece también en los suelos arcillosos de la Tierra.

Los minerales son cuerpos sólidos no orgánicos presentes en la naturaleza. Están compuestos de elementos (sustancias puras) como oxígeno, carbono y hierro. Las rocas están formadas por uno o más de los 3.000 minerales que existen en la Tierra. Son muchos los objetos hechos con minerales. La mina de los lápices es de grafito. También son minerales el oro, la plata y las piedras preciosas.

En los relojes hay cristalitos de CUARZO que sirven para controlar su velocidad.

El GRAFITO es el mineral blando y negro de las «minas» de los lápices.

Una mina de cobre de Arizona, EE.UU., tiene más de 570 km de túneles subterráneos.

El AZUFRE es un mineral amarillo utilizado para hacer explosivos, cerillas y fuegos artificiales.

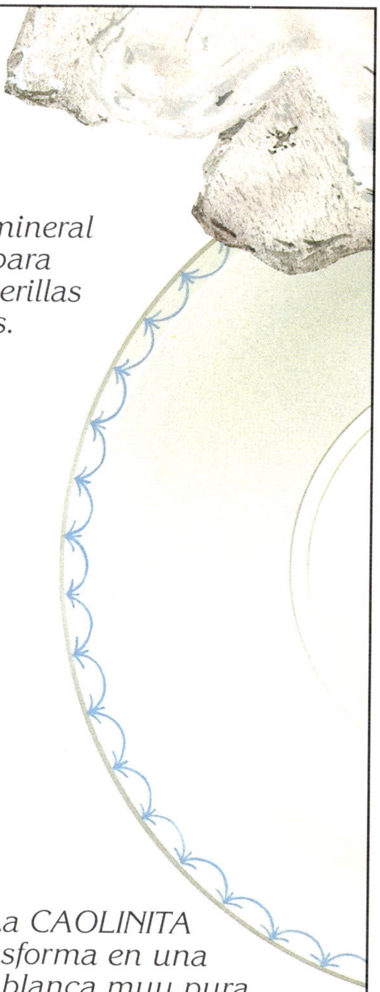

Agua salada

En zonas calurosas el agua del mar se seca para obtener sal. Tú puedes hacerlo disolviendo una cucharada de sal en medio vaso de agua caliente. Muévelo bien y echa un poco en un platito. Déjalo en una ventana soleada y observa lo que ocurre.

La CAOLINITA se transforma en una arcilla blanca muy pura llamada caolín o porcelana, utilizada para hacer adornos y vajillas.

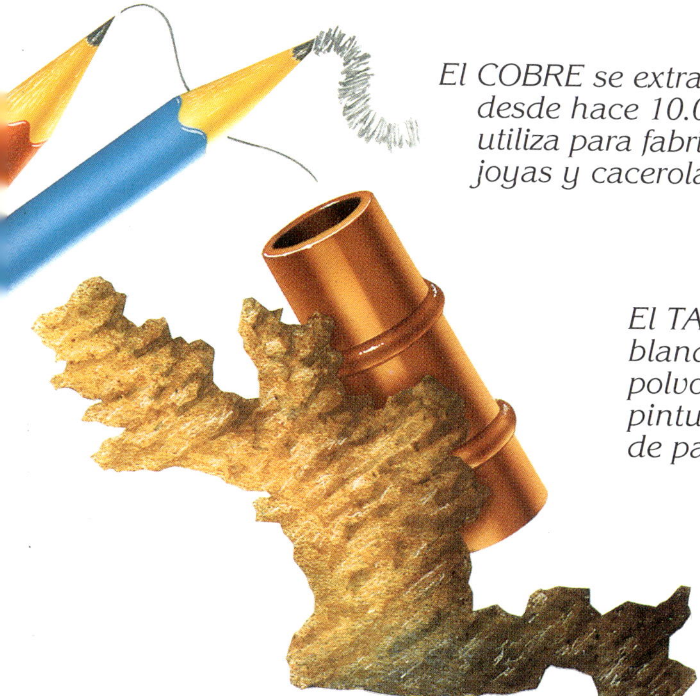

El COBRE se extrae de las minas desde hace 10.000 años. Hoy se utiliza para fabricar cables, tuberías, joyas y cacerolas.

El TALCO es un mineral muy blando que se ralla para hacer polvos de talco, pinturas y lápices de pastel.

¿QUÉ SON LOS CRISTALES?

El azúcar, la sal, el zafiro y los copos de nieve tienen algo en común: están formados por cristales. En realidad, la mayoría de los objetos sólidos, excepto los seres vivos, están hechos de cristales. Algunos son grandes, y pueden pesar toneladas. Otros se agrupan por millones en un pedacito de roca, pero todos tienen formas regulares.

Forma exterior

Todos los cristales del mismo mineral tienen la misma estructura regular. Los de la sal tienen forma de cubo. Los del grafito son hexagonales (con 6 caras). Los del circón, muy utilizados en joyería, tienen forma de pirámide.

AGUAMARINA

Antiguamente se creía que los CRISTALES eran una especie de hielo que no se derretía nunca.

Cultiva tu propio cristal

Echa un poco de potasa de alumbre en un frasco con agua tibia. Muévelo bien hasta que se disuelva y tápalo. Después de dos días, pásalo por un colador para aislar los cristales. Ata uno de los extremos de un hilo al cristal más grande y el otro a un lápiz. Deja el cristal colgando en el agua que has colado y mira cómo crece.

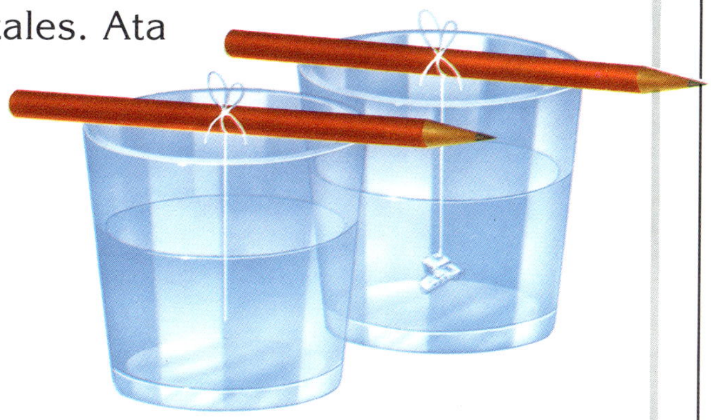

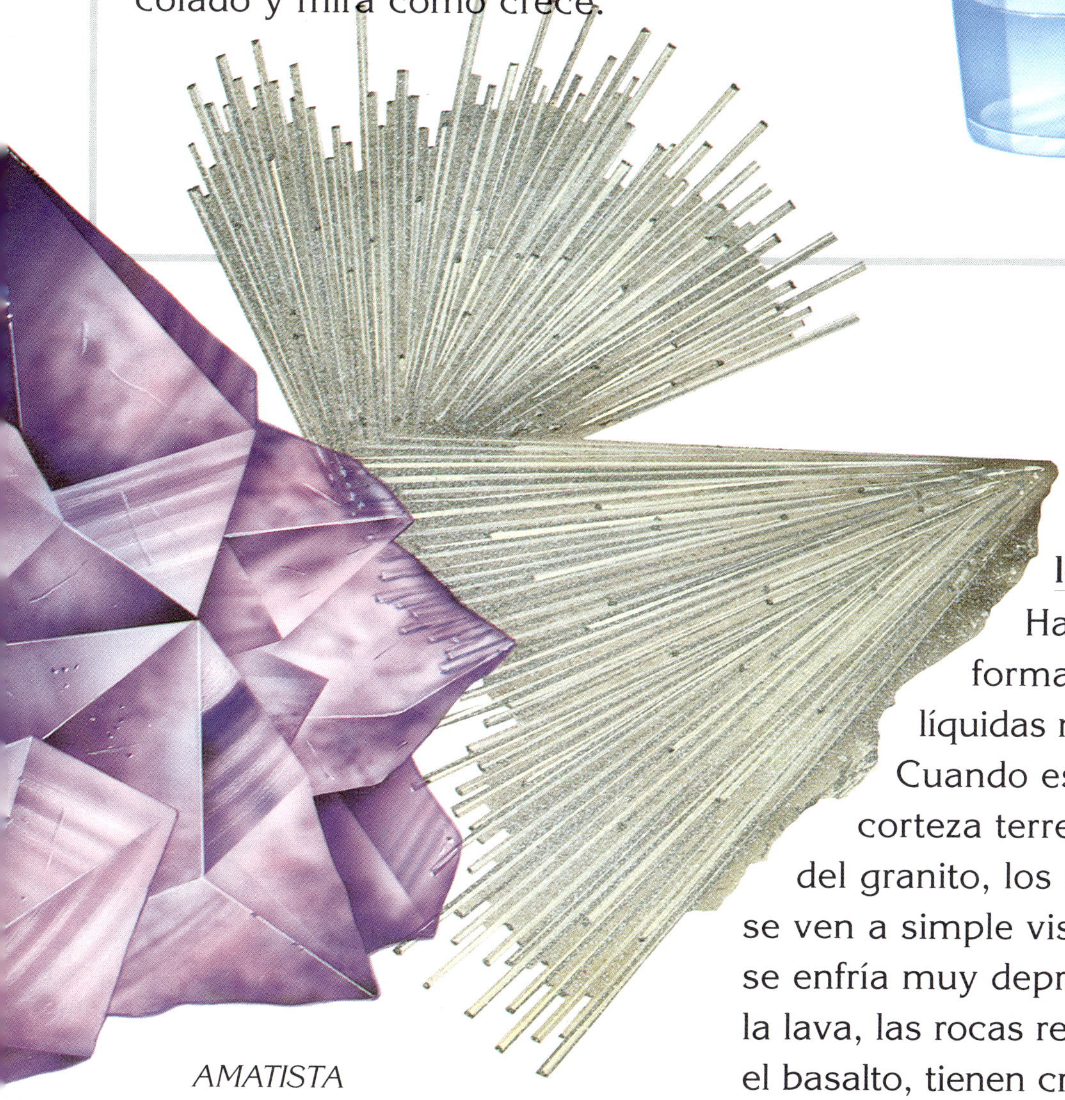

Los finos cristales de ESCOLECITA tienen forma de aguja.

AMATISTA

¿Cómo se forman los cristales?

Hay cristales que se forman al enfriarse rocas líquidas muy calientes (magma). Cuando esto ocurre dentro de la corteza terrestre, como en el caso del granito, los cristales son grandes y se ven a simple vista. Pero si el magma se enfría muy deprisa, como sucede con la lava, las rocas resultantes, por ejemplo, el basalto, tienen cristales muy pequeños. También se forman cristales cuando un líquido se evapora, entonces quedan los cristales que estaban disueltos en él.

Combustibles de la Tierra

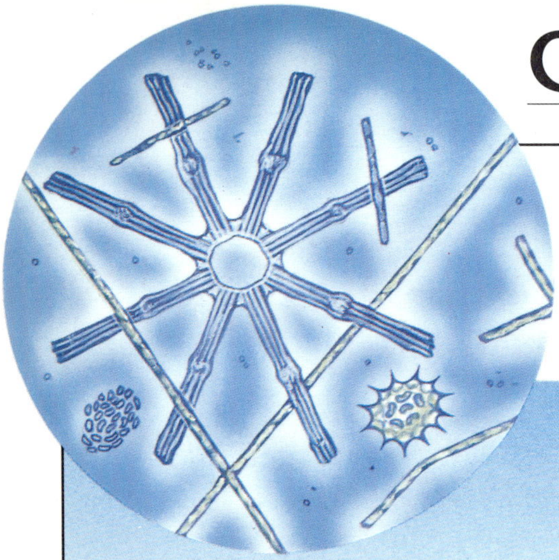

El carbón, el petróleo y el gas son combustibles. Se queman para obtener calor y energía necesarios en la industria, en el transporte y en los hogares. Los combustibles no son verdaderos minerales, porque se han formado a partir de restos de plantas y animales enterrados durante millones de años bajo la corteza terrestre. Pero solemos llamar «mineral» a cualquier sustancia inorgánica extraída de la Tierra.

Petróleo y gas

El petróleo crudo se encuentra en las rocas del interior de la Tierra. Se ha formado a partir del plancton, restos minúsculos de plantas y animales (arriba), enterrado bajo capas de tierra y roca. Poco a poco, los restos se van convirtiendo en gas y petróleo que sube hasta quedar atrapado en los plegamientos de las rocas (anticlinales).

El GAS NATURAL suele encontrarse cerca de los yacimientos de petróleo. Tanto el petróleo como el gas, tardan millones de años en formarse.

De las plantas al carbón

El carbón se compone de restos de plantas que vivieron hace millones de años. Estas plantas, helechos y árboles enormes crecían en zonas pantanosas. Al morir formaron una capa espesa en el suelo húmedo, que fue transformándose en una sustancia llamada turba. Poco a poco, la turba quedó enterrada bajo otras capas más pesadas de arena y de otras sustancias, convirtiéndose en un carbón marrón oscuro llamado lignito. Con el tiempo, el lignito se transformó en otros carbones más duros. El más duro de todos se denomina antracita.

Hasta mediados del siglo XIX, en Inglaterra había niños que trabajaban muchas horas bajo tierra en las MINAS DE CARBÓN.

Hace mucho tiempo, los restos de PLANTAS formaron una capa gruesa en los suelos pantanosos.

Los restos de plantas muertas se endurecieron, formando una capa de TURBA.

Otras capas superiores fueron empujando la turba hacia abajo, transformándola en un carbón llamado LIGNITO.

El peso de otras capas adicionales produjo un carbón todavía más duro, llamado CARBÓN BITUMINOSO.

La última fase en la formación de carbón es la ANTRACITA, el carbón más puro que existe.

¿Qué se obtiene del petróleo?

Gasolina, velas, lápices de labios, pinturas, fertilizantes: todos provienen del petróleo. La mayor parte se utiliza para combustible, pero se obtienen muchas otras cosas, como el nailon (uno de los tejidos sintéticos más utilizados). ¿Qué otros productos conoces?

Energía nuclear

En lugar de quemar carbón o petróleo para obtener energía, se puede utilizar un mineral llamado uranio. Se encuentra en las rocas subterráneas, así como en las minas de oro de Sudáfrica. El uranio produce una enorme cantidad de un tipo de energía, denominada nuclear.

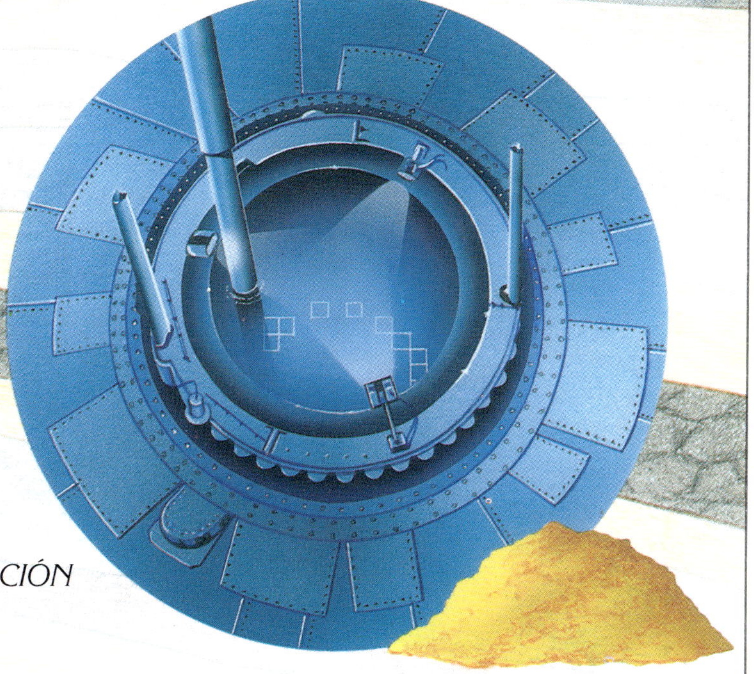

INTERIOR DE UNA INSTALACIÓN NUCLEAR

MENAS Y METALES

Algunas rocas tienen metales como zinc, cobre y plata. Están bajo tierra, mezclados con otras sustancias. Esta mezcla se denomina mena. Pueden estar a gran profundidad o cerca de la superficie, como el cobre. Hay que sacar las menas, o mineral bruto (ver página 18), para después extraer el metal.

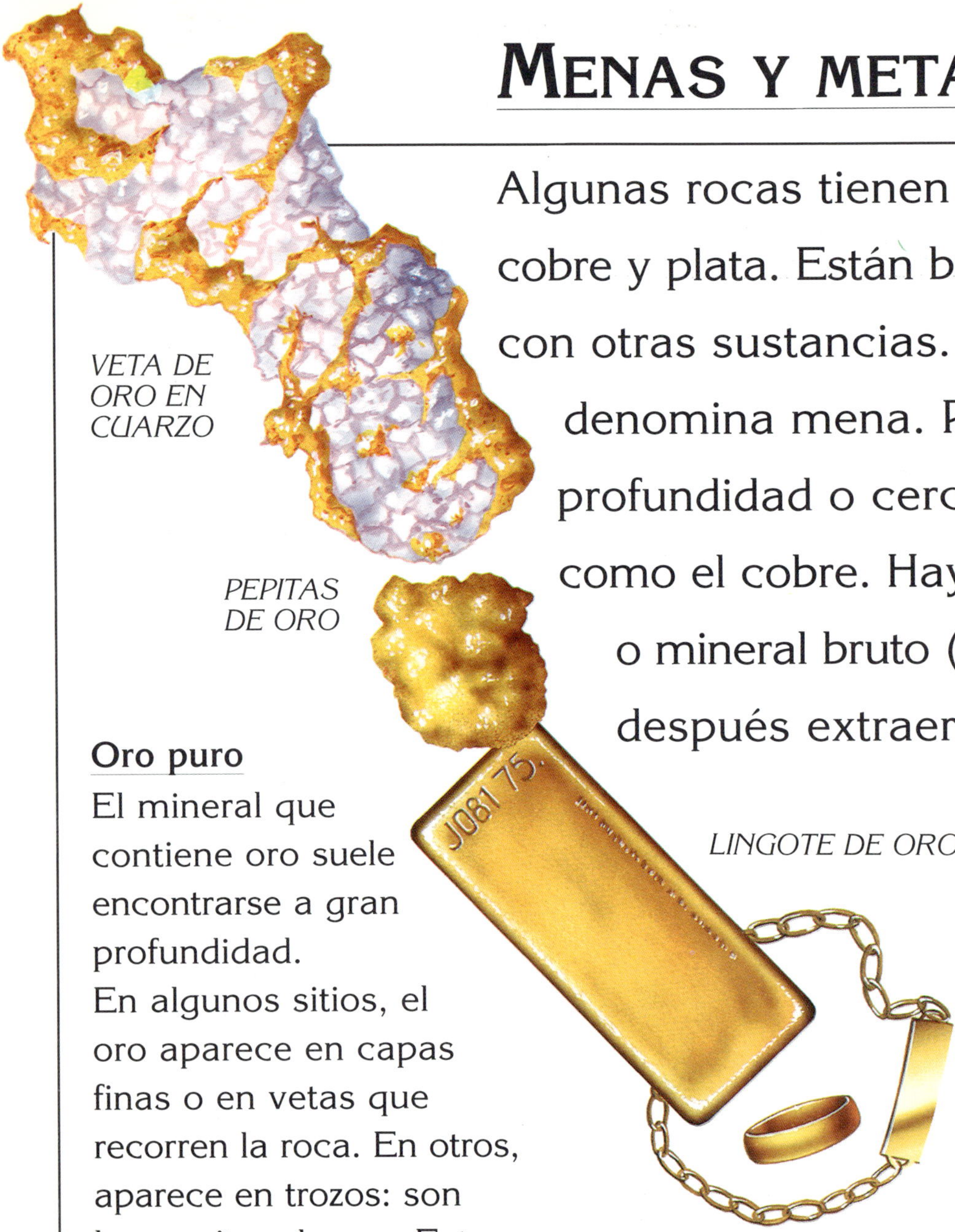

VETA DE ORO EN CUARZO

PEPITAS DE ORO

LINGOTE DE ORO

Oro puro

El mineral que contiene oro suele encontrarse a gran profundidad.
En algunos sitios, el oro aparece en capas finas o en vetas que recorren la roca. En otros, aparece en trozos: son las pepitas de oro. Este metal también está en el agua del mar. Obtenido el mineral bruto de la tierra, hay que extraer el oro. Con él se hacen los lingotes. Para obtener un lingote de este metal hay que extraer un millón de kilos de mineral bruto de oro.

ALTO HORNO

MENA DE HIERRO

LA PEPITA DE ORO más grande que se ha encontrado tenía casi 100 kilos de oro.

En un alto horno

Una forma de extraer metal es fundirlo junto con su mena, como se hace con el hierro. La mena se funde en un alto horno, que puede llegar a medir 30 metros de altura. La mena o mineral bruto de hierro se introduce por la parte superior del horno, junto con coque y piedra caliza, y se funde con aire muy caliente. El hierro fundido sale por un lado del horno y el material de desecho, la escoria, sale por otro.

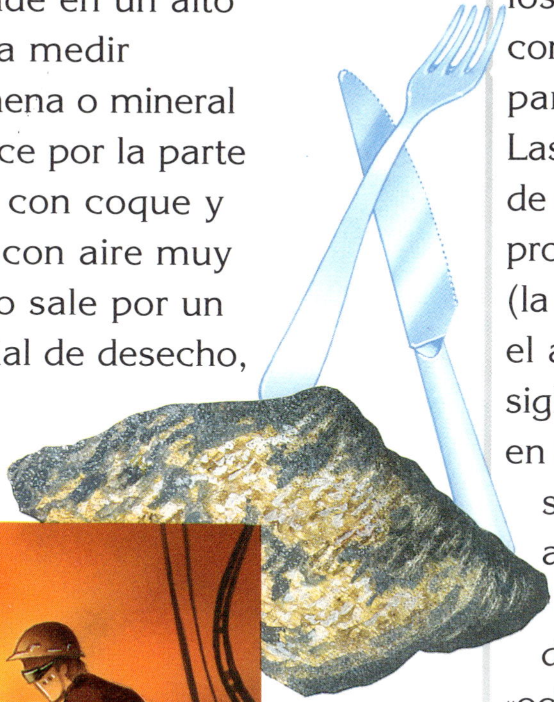

MENA DE NÍQUEL

MENA DE ESTAÑO

MENA DE ALUMINIO

Dinero

En la Antigüedad, los metales preciosos, como el oro, se usaban para hacer monedas. Las primeras monedas de oro y plata se hicieron probablemente en Lidia (la actual Turquía), hacia el año 600 a. C. En el siglo XVI, en España, se acuñaban unas monedas de plata llamadas «ochavos», que podían dividirse en 8 partes.

MONEDAS ANTIGUAS Y MODERNAS

PIEDRAS PRECIOSAS Y JOYAS

Búsqueda de PIEDRAS PRECIOSAS en Sri Lanka.

En algunas rocas se encuentran ciertos minerales escasos y valiosos: los diamantes, los rubíes y las esmeraldas, denominados piedras preciosas y utilizados en joyería. Cuando estas gemas se extraen de las rocas son muy burdas, hay que cortarlas y tallarlas.

De roca a piedra preciosa

El diamante y el topacio son piedras preciosas que se encuentran en rocas ígneas. Los ópalos multicolores aparecen en rocas sedimentarias, compuestas de las mismas sustancias que la arena. El diamante y la esmeralda se tallan formando superficies planas, llamadas facetas. El ópalo y la adularia se pulen con forma redondeada.

DIAMANTE en bruto en la roca

El ZAFIRO tallado más grande del mundo tiene la forma de la cabeza de Abraham Lincoln, que fue presidente de EE.UU. (1861-1865).

Tesoros famosos

Hay piedras preciosas que son famosas por su tamaño y por su belleza. Otras pertenecieron a personajes históricos. El diamante Koh-i-noor de la India fue regalado a la reina Victoria de Inglaterra en 1850. En la tumba del rey niño egipcio Tutankamón se encontró un valioso tesoro de objetos decorados con piedras preciosas, como la máscara funeraria que aparece a la derecha.

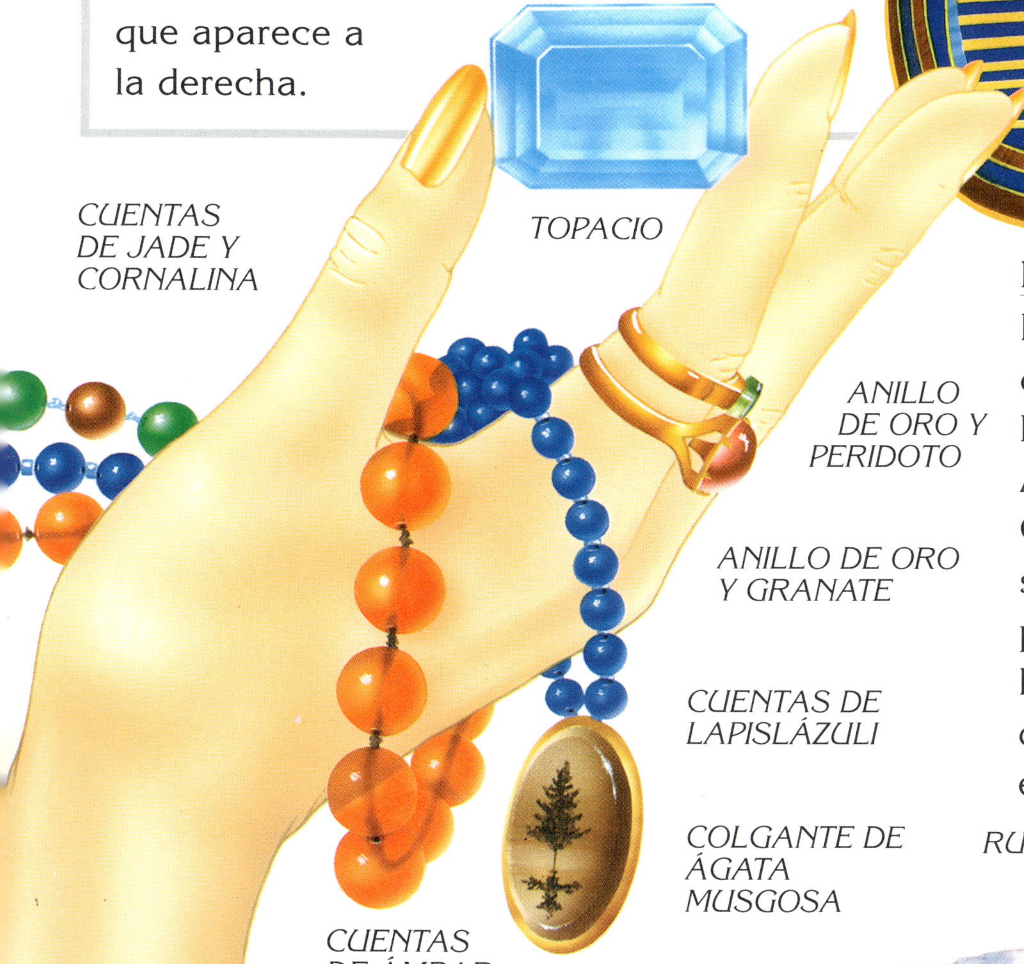

En todo el mundo

Los mejores rubíes del mundo son los de Birmania, en el sur de Asia. En Suramérica, Colombia es famosa por sus esmeraldas y Brasil por sus aguamarinas. Las minas de diamantes de Sudáfrica son famosas en todo el mundo.

RUBÍ en bruto en la roca

Minas y canteras

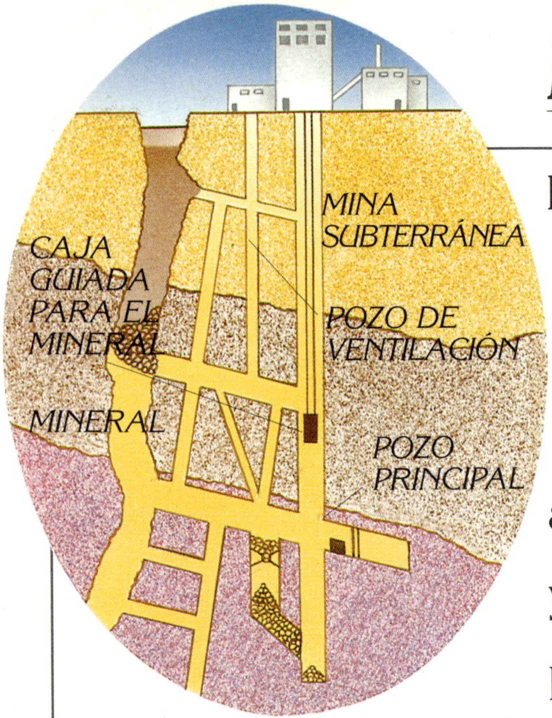

De las minas se extraen minerales perforando la corteza terrestre, a veces a gran profundidad. La bauxita y el cobre se extraen cerca de la superficie. Se aparta la tierra y las piedras del terreno y se vuela la roca. Si el mineral está muy profundo, se perfora un pasillo vertical llamado pozo. Los mineros bajan por él en ascensores para sacar el mineral.

Canteras

Una forma de extraer minerales es cortar grandes bloques de roca de la superficie. Es el método utilizado en las canteras. El granito, el mármol y la pizarra se extraen así. Para partir las rocas en trozos pequeños se emplean explosivos. Sin embargo, para separar el mineral de la roca se pueden utilizar máquinas o bien lo hacen trabajadores con herramientas especiales. El mármol se corta con mucho cuidado, normalmente con sierra, para no estropearlo.

La maquinaria de la CANTERA desmenuza las rocas hasta convertirlas en trozos más pequeños para hacer carreteras y hormigón.

En la MINERÍA A CIELO ABIERTO, el mineral se extrae de grandes superficies de excavación.

La mina más profunda del mundo es una MINA DE ORO a 3,5 km de profundidad en Wester Deep Levels, Sudáfrica.

Extracción a mano

El estaño y el oro también se encuentran mezclados con la arena de los ríos. Hacia 1850 se encontró oro en California, EE.UU. Muchos se trasladaban hasta allí para buscarlo. Durante la «fiebre del oro», colaban la tierra con una criba y después recogían los trocitos que quedaban del metal precioso. A esto se le llamaba lavar el oro.

Animales mineros

Los topos son excelentes mineros. Utilizan sus fuertes patas delanteras y sus garras afiladas para abrir túneles bajo tierra, donde pasan la mayor parte del tiempo. También las hormigas hacen galerías subterráneas, incluso a 10 metros de profundidad.

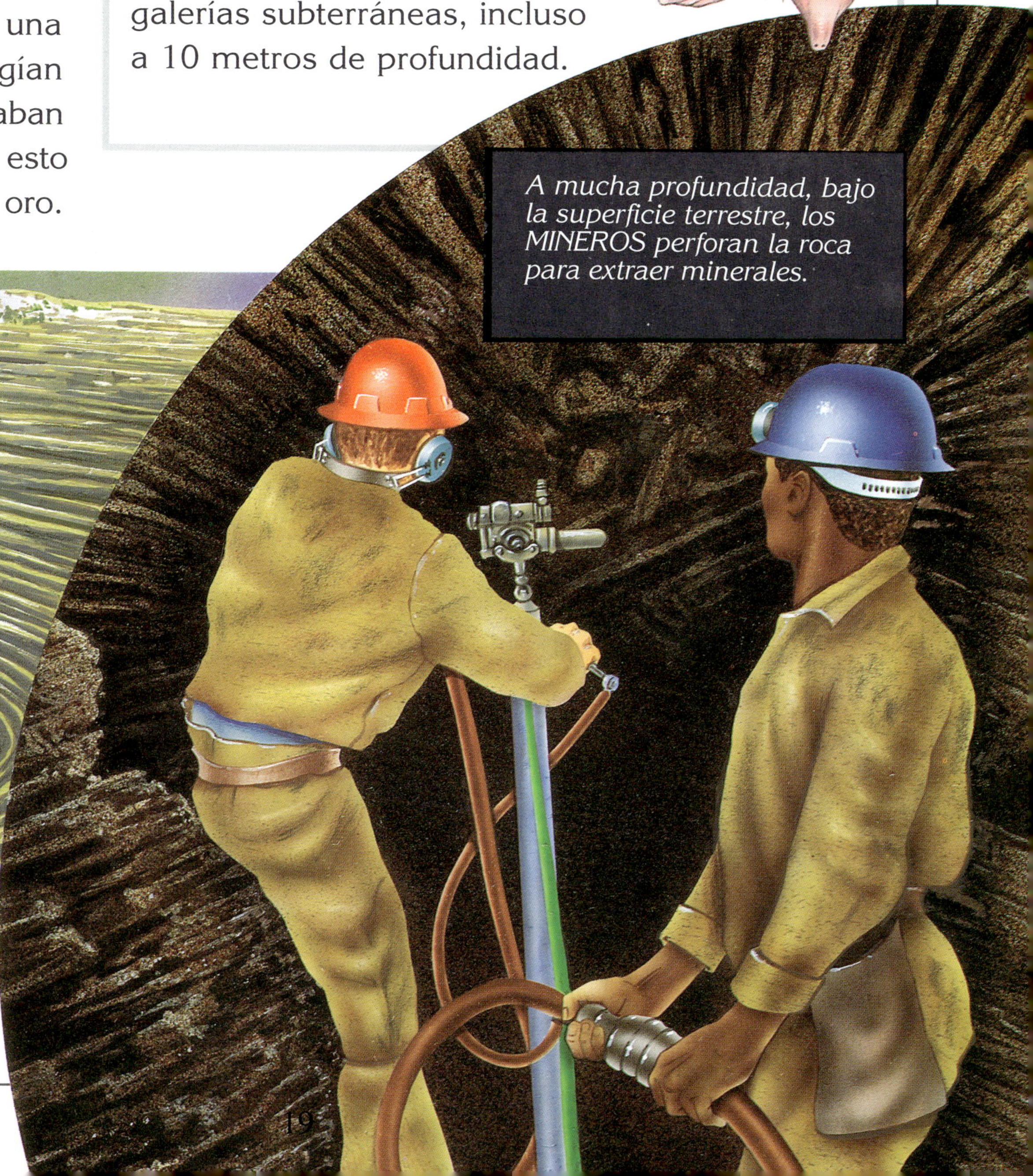

A mucha profundidad, bajo la superficie terrestre, los MINEROS perforan la roca para extraer minerales.

CEMENTO PORTLAND

LADRILLO ROJO

Uso de rocas y minerales

Las rocas y los minerales están en todo lo que te rodea: en los lápices, en los cubiertos, en el reloj que llevas puesto, y hasta en las paredes de tu casa. Los utilizamos como material de construcción, para hacer objetos corrientes o joyas y adornos. Los chips de silicio de los ordenadores y muchos electrodomésticos están hechos con un mineral, la sílice. También contienen minerales las pinturas, los fertilizantes y los tintes.

Rocas para construir

El mármol, el granito y la pizarra se utilizan en la construcción. Aberdeen, en Escocia, tiene tantos edificios de granito que se la conoce como «la ciudad de granito».

El TAJ MAHAL está hecho con mármol blanco y arenisca roja. Lo mandó construir un soberano hindú en memoria de su mujer.

El hombre prehistórico

Los primeros cazadores hacían hachas de sílex; los agricultores, hoces con madera y sílex. Más tarde, las herramientas y armas fueron de bronce. En las cuevas de Altamira (abajo) las pinturas estaban hechas con minerales de color, como hierro y manganeso.

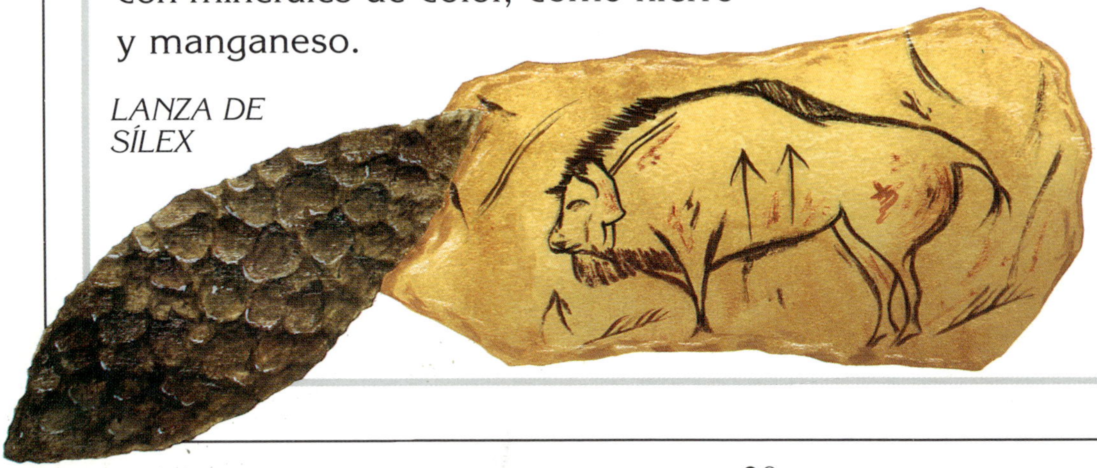

LANZA DE SÍLEX

LA GRAN MURALLA CHINA, que mide 3.460 km de longitud, se ve desde el espacio.

Esculturas en rocas

Se han encontrado esculturas en piedra que se hicieron probablemente hace miles de años. En Italia los etruscos esculpían estatuas de bronce hacia el año 1000 a. C. (El bronce es una mezcla de cobre y estaño.) Los chinos trabajaban el jade para elaborar adornos. Las esculturas también decoran templos y palacios. Muchos templos de la India tienen estatuas labradas en piedra.

Los agricultores echan a sus cosechas FERTILIZANTES que contienen minerales, como nitratos y potasa.

EL PENSADOR, escultura del artista francés Auguste Rodin, es de bronce.

ROCAS FAMOSAS

Hace tiempo, los aborígenes de Australia pintaron las paredes de las cuevas de Uluru (Ayers Rock). En 1927 se esculpió, con taladradoras y explosivos, una colina de granito del monte Rushmore, EE.UU., con la cara de 4 presidentes americanos. La estatua de George Washington (abajo) es tan alta como un edificio de 5 pisos.

Formas de la caliza

Las cataratas de la ciudad italiana de Tívoli (arriba) caen sobre roca travertina, un tipo de piedra caliza. La palabra «travertino» viene de la ciudad romana del mismo nombre. Esta roca suele tomar formas espectaculares en el interior de las cuevas.

Monte conmemorativo nacional RUSHMORE

El pico de granito situado en el puerto de Río de Janeiro, Brasil, se llama PAN DE AZÚCAR.

ULURU

MONTAÑA
Pan de Azúcar

Pan de Azúcar

Pan de Azúcar (izquierda) es una montaña enorme con forma de cono, que se levanta sobre la bahía de Ganabara, en Río de Janeiro, una de las mayores ciudades de Suramérica. Este pico de granito mide unos 375 metros de altitud y forma parte de una cadena montañosa. Según una leyenda brasileña, las sierras son gigantes dormidos. El pico del Pan de Azúcar es la rodilla del gigante. Las montañas se formaron hace millones de años, en el comienzo de la historia de la Tierra.

Hace aproximadamente 6 millones de años, el río Colorado, en EE.UU., fue erosionando la montaña hasta formar el GRAN CAÑÓN. En algunos lugares mide más de 1.000 metros de profundidad.

La historia de Prometeo

Según la mitología griega, Prometeo robó el fuego a los dioses para dárselo a los hombres. Los dioses le castigaron encadenándolo a un monte. Cada día, un águila le roía el hígado, que volvía a crecer durante la noche. Al matar al águila, Prometeo quedó libre. La historia de Prometeo inspiró obras de teatro, pintura, poesía y música.

CAMBIO DE FORMA

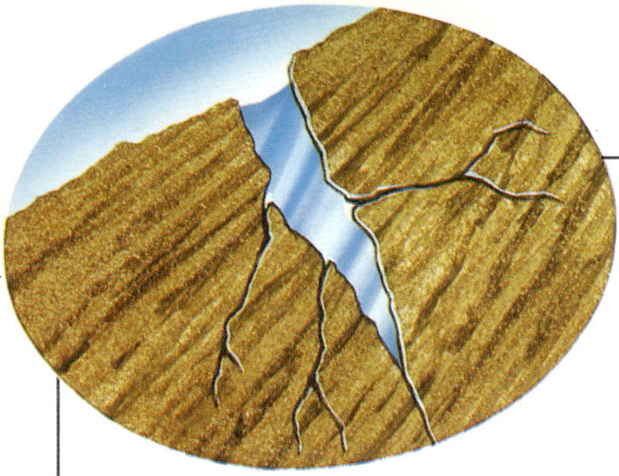

Las rocas no tienen siempre la misma forma. Van cambiando lentamente, a veces durante millones de años. El viento y la lluvia deshacen la roca. El hielo y el calor también la modifican. Las rocas se rompen en trozos. Este proceso se llama «meteorización». El viento y las corrientes de agua se llevan los trozos de roca a otros sitios.

¿Qué es la erosión?

El primer paso del desgaste o erosión de la roca es la meteorización, o descomposición a la intemperie. En las grietas entra agua, que con el frío se congela. El hielo se dilata, rompiendo la roca en pedazos. Incluso la arena puede erosionar las rocas. Los vientos fuertes hacen que la arena golpee contra las rocas, así los granos de arena la arañan hasta desgastarla. En la costa, las olas erosionan las rocas formando islotes con formas curiosas, como arcos y pilares.

Los vientos fuertes hacen que la arena desgaste LAS ROCAS BLANDAS, formando islotes como éste con forma de seta.

En Australia, el viento y la arena han esculpido una colina de granito, LA OLA, llamada así porque parece una ola gigante.

Tipos de suelo

El suelo está formado por trozos de rocas desgastadas, aire, agua, restos de plantas y animales. En él puede haber todo tipo de minerales, como caolín, feldespato y mica. Su color indica su contenido. Observa los suelos que aparecen abajo. ¿Cuál se parece al de tu zona?

Superficies rocosas

A. Los vientos fuertes arrastran rocas y arena, que arañan la superficie rocosa.
B. Los glaciares se van moviendo y se llevan trozos de roca. C. El material erosionado por el viento, el agua y el hielo se acumula en zonas bajas.
D. La corteza terrestre se mueve y cambia la forma de las rocas, creando pliegues.

Este ISLOTE en forma de ARCO se ha formado por la acción erosiva del mar.

Lista de rocas

En esta ilustración puedes ver rocas y minerales muy comunes. Algunos se han descrito ya en este libro. ¿Se te ocurre algún otro tipo, por ejemplo, de roca metamórfica? Casi todas las piedras preciosas se encuentran incrustadas en rocas. ¿Sabes en qué rocas se encuentran las piedras preciosas que aparecen aquí?

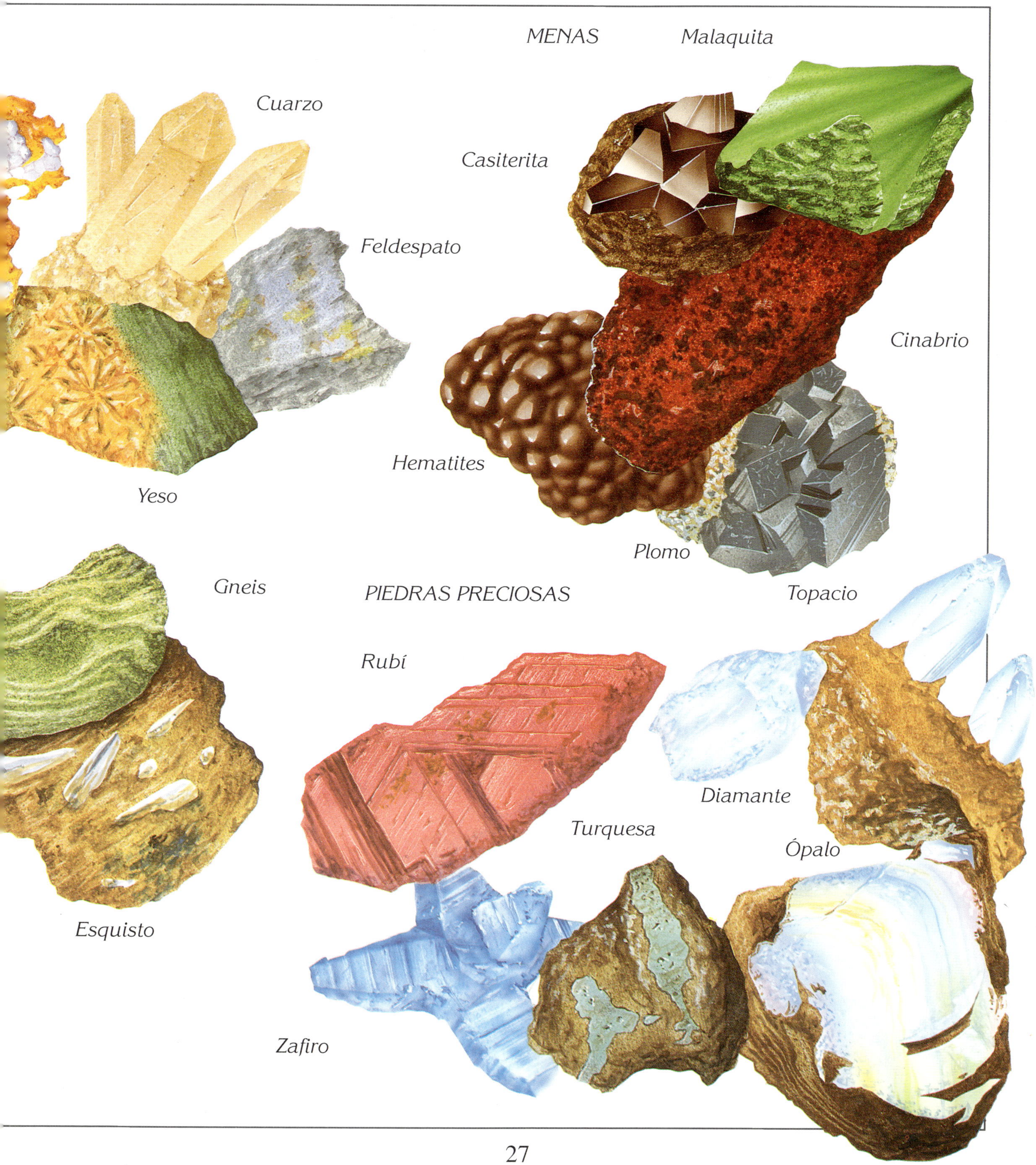
MENAS
Malaquita
Cuarzo
Casiterita
Feldespato
Cinabrio
Hematites
Yeso
Plomo
Gneis
PIEDRAS PRECIOSAS
Topacio
Rubí
Diamante
Turquesa
Ópalo
Esquisto
Zafiro

CONCURSO DE ROCAS

¿Sabes cuántos objetos comunes están hechos con rocas?
Observa detenidamente la ilustración de esta página. Adivina cuántos objetos están compuestos de rocas o minerales. Di el nombre de las rocas o los minerales que se han utilizado para ello. Haz a tus amigos la misma prueba con esta ilustración. Encontrarás varias respuestas en la página 32. ¿Se te ocurre algún objeto más?

MÁS HECHOS ASOMBROSOS

EL MÁRMOL de las canteras de Carrara, en Italia, el mismo que utilizó el famoso escultor italiano Miguel Ángel, todavía se extrae en la actualidad.

Desde 1965, la moneda norteamericana de CUARTO DE DÓLAR ya no se hace de plata, por la escasez de este metal.

El diamante tallado más grande del mundo, el ESTRELLA DE ÁFRICA, forma parte de las joyas de la corona británica.

Una roca volcánica, la PIEDRA PÓMEZ, es tan porosa que flota en el agua.

Un mineral de hierro llamado pirita se parece tanto al oro que en inglés se le llama «EL ORO DE LOS LOCOS».

La ITACOLUMITA es una arenisca tan flexible que se puede doblar con la mano.

A pesar de su apariencia, como hilos de color castaño dorado, EL CABELLO DE PELE en realidad es una roca.

Los animales marinos utilizan EL CARBONATO CÁLCICO disuelto en el agua para hacer sus conchas y armazones.

Glosario

ALTO HORNO: horno de enorme tamaño utilizado para separar el metal del mineral bruto, o mena.

CANTERA: lugar en la superficie terrestre en el que se cortan rocas para extraer luego minerales como mármol y granito.

CORTEZA: capa rocosa que rodea a la Tierra.

CRISTAL: mineral con forma regular.

EROSIÓN: desgaste de la superficie rocosa, sobre todo por la acción del viento, del agua y del hielo.

FACETA: una de las muchas caras que quedan al tallar piedras preciosas, como los diamantes.

FÓSIL: resto de plantas y animales que vivieron hace millones de años.

FUNDIR: calentar un metal hasta hacerlo líquido para separarlo de las demás materias con que se encuentra combinado.

MAGMA: rocas calientes fundidas que se encuentran a gran profundidad en el interior de la Tierra.

MENA: roca o mineral bruto que contiene metal, como hierro o cobre.

METEORIZACIÓN: rotura de una superficie rocosa causada por el calor, el frío, el viento o el agua.

MINERAL: materia sólida, inorgánica, que forma todas las rocas de la Tierra.

PETRÓLEO: líquido oscuro que se ha formado en el subsuelo con restos de plantas. De él se obtienen, entre otros, la gasolina y el gasóleo.

PIEDRA PRECIOSA: piedra tallada y pulida utilizada en joyería y en otros adornos. Todas las piedras preciosas son minerales.

ROCA ÍGNEA: tipo de roca que se forma cuando se enfrían y se solidifican las rocas líquidas que están a temperaturas elevadísimas.

ROCA METAMÓRFICA: tipo de roca que se forma como consecuencia del calor o del peso de la corteza terrestre sobre otro tipo de rocas.

ROCA SEDIMENTARIA: tipo de roca formada con trocitos de otras rocas o con restos de plantas y animales.

ÍNDICE

A

arenisca 20, 26, 30
arte en rocas 20, 21, 22

B

basalto 6, 11, 26
bronce 21

C

caliza 6, 7, 21, 26
canteras 18, 31, 26
caolinita 9
carbón 12, 13
cobre 9, 18, 21, 26
combustibles 12-13
corteza terrestre 4, 25, 31
cristales 10-11, 31
cuarzo 8, 27

E

energía nuclear 13
erosión 24, 25, 31

F

feldespato 8, 25, 27
fósiles 7, 31

G

gneis 7, 26
grafito 8, 10
granito 6, 7, 11, 18, 20, 23, 25, 26

H

hierro 8, 15, 20, 30

L

lava 6, 7, 11, 26
limonita 8

M

magma 4, 6, 11, 16, 31
mármol 7, 18, 20, 26, 30
menas (o mineral bruto) 14-15, 27, 30, 31
metales 14, 15
minas 18-19
minerales 4, 8-9, 12, 18, 20, 21, 25, 26, 31
monedas 15, 30

N

níquel 15

P

petróleo 12, 13
piedra arenisca 20, 26, 30
piedra caliza 6, 7, 21, 26
piedras preciosas 16-17, 27, 30, 31
pizarra 7, 18, 20, 26

R

rocas ígneas 5, 6, 26, 31
rocas metamórficas 5, 7, 26, 31
rocas sedimentarias 5, 6, 26, 31
rocas volcánicas 6, 7, 30

S

sal 9, 10, 26
suelo 25

T

talco 9
toba volcánica 6, 26

Solución a las cuestiones de la página 28

verjas: hierro
tejado: pizarra
humo (chimenea): carbón/petróleo/gas
latas (bebidas): estaño
bicicleta (cuadro): hierro/cromo
estatua: bronce/granito
placa: latón
cemento: caliza/esquisto/arena/pizarra
ladrillos: arcilla/esquisto
pintura: petróleo
tiza: yeso
remaches (pantalón vaquero): latón